BEI GRIN MACHT SICH IHR
WISSEN BEZAHLT

Die Auswirkungen von "Media-Procrastination" auf akademische Leistungen während der Corona-Lockdowns

Simon Röhricht

Bibliografische Information der Deutschen Nationalbibliothek:

Die Deutsche Nationalbibliothek verzeichnet diese Publikation in der Deutschen Nationalbibliografie; detaillierte bibliografische Daten sind im Internet über http://dnb.d-nb.de abrufbar.

ISBN: 9783346802613
Dieses Buch ist auch als E-Book erhältlich.

Druck und Bindung: Books on Demand GmbH, Norderstedt Germany
Gedruckt auf säurefreiem Papier aus verantwortungsvollen Quellen

Das vorliegende Werk wurde sorgfältig erarbeitet. Dennoch übernehmen Autoren und Verlag für die Richtigkeit von Angaben, Hinweisen, Links und Ratschlägen sowie eventuelle Druckfehler keine Haftung.

Das Buch bei GRIN: https://www.grin.com/document/1318763

Institut für Publizistik

Johannes Gutenberg-Universität Mainz

Veranstaltung: Seminar Neue Medien/Online-Kommunikation

Semester: 4. Fachsemester

Abgabe: 4. Fachsemester

Aufschieben leicht gemacht?

Die Auswirkungen von Media-Procrastination auf akademische Leistungen während der Corona-Lockdowns

Seminararbeit

vorgelegt von:

Simon Röhricht

Publizistik, PO 2016

Kernfach Publizistik, 4. Fachsemester

Beifach Wirtschaftswissenschaften, 2. Fachsemester

Inhalt

1. Einleitung

Zu Beginn des Jahres 2020 wurde aufgrund der massiven Verbreitung des COVID-19-Virus (im weiteren Verlauf auch „Corona") eine Pandemie von weltweiter Tragweite ausgerufen (Vgl. Bowden-Green et al., 2021, S. 1). Dies hatte zur Folge, dass in vielen Ländern sog. Lockdowns, also massive Kontaktbeschränkungen in der Zivilbevölkerung, erlassen wurden (Vgl. Bowden-Green et al., 2021, S. 1). Ab diesem Zeitpunkt wurde der Unterricht an Universitäten in Distanzlehre durchgeführt (Vgl. Melgaard et al., 2022, S. 174). Studien vor den Lockdowns (z.b. Michinow et al., 2011) kamen zu dem Schluss, dass Studenten in der Distanzlehre stärker zu Prokrastination, also der Aufschiebung von Aufgaben mit dem Wissen, dass diese Aufschiebung negative Konsequenzen haben wird (Vgl. Steel, 2007, S. 67), neigen. Diese negativen Auswirkungen spiegeln sich zumeist in schlechteren akademischen Leistungen wider, die während der Distanzlehre beobachtet wurden (Vgl. Michinow et al., 2011, S. 246). Um zu prokrastinieren, wurden schon vor den Lockdowns immer häufiger Medien genutzt (Vgl. Hofman et al., 2016, S. 211). Aufgrund des meist digitalen Formats der Distanzlehre lässt sich vermuten, dass diese Nutzung von Medien für Prokrastination während der Lockdowns noch zugenommen hat. Aus den dargelegten Zusammenhängen ergibt sich folgende Forschungsfrage, die in dieser Arbeit untersucht werden soll: „Hat Media-Procrastination zu verschlechterten akademischen Leistungen während der Corona Lockdowns geführt?". Um diese Frage zu beantworten, werden zunächst relevante theoretische Konstrukte vorgestellt. Danach wird genauer darauf eingegangen, welche Besonderheiten mit der Distanzlehre während der Lockdowns einhergingen. Im Anschluss folgt eine Vorstellung empirischer Ergebnisse zu den Auswirkungen von Prokrastination und Cyberslacking auf akademische Leistungen während der Lockdowns. In der anschließenden Diskussion werden die wichtigsten Ergebnisse zusammengefasst und in Rückbezug auf die Forschungsfrage ausgewertet.

Zu Beginn wird eine allgemeine Definition von Prokrastination dargelegt, die als Grundlage für diese Arbeit dient, um diese theoretisch zu verorten.

2. Prokrastination

Laut Klingsieck (Vgl. 2013, S. 25) wird Prokrastination als Bezeichnung für verschiedene Arten des Aufschiebens von Aufgaben verwendet. Alle Konzeptualisierungen von Prokrastination beinhalten eine Form der Aufschiebung bzw. Verzögerung von Aufgaben mit dem Wissen, dass die Verzögerung im Endeffekt negative Konsequenzen haben wird (Vgl. Steel, 2007, S. 66). Speziell gehe es hier um Aufgaben, die man eigentlich direkt erledigen möchte bzw. sollte (Vgl. Steel, 2007, S. 66). Klingsieck (Vgl. 2013, S. 25) betont besonders die Unterscheidung zwischen dem „strategic delay", also der strategisch vorteilhaften, funktionalen Aufschiebung von Aufgaben und Prokrastination: bei Prokrastination sei das Aufschieben irrational, unnötig und teilweise sogar schädlich; die negativen Konsequenzen der Verzögerung überwiegen die positiven Konsequenzen. Den überwiegenden negativen Konsequenzen seien sich die Prokrastinierenden hierbei bewusst (Vgl. Klingsieck, 2013, S. 26). Der Begriff werde zwar gelegentlich mit positiver Konnotation verwendet (so z.B. bei Ferrari & Emmons, 1995, S. 139: dort ist die Rede von funktionaler Prokrastination), jedoch viel häufiger mit einer negativen Konnotation (Steel, 2007, S. 66). Auch laut Klingsieck (Vgl. 2013, S. 25) ist Prokrastination per se negativ zu bewerten. Aus den genannten Aspekten von Prokrastination ergibt sich folgende Definition, der auch diese Arbeit folgen wird: „the voluntary delay of an intended and necessary and/or[personally] important activity, despite expecting potential negative consequences that outweigh the positive consequences of the delay" (Klingsieck, 2013, S. 26).

Prädiktoren für Prokrastination seien unter anderem: die zeitliche Entfernung einer Aufgabe, die Aversion ihr gegenüber sowie verschiedene Persönlichkeitsmerkmale wie niedriges Selbstwertgefühl und Depressionen sowie Self-Efficacy (Vgl. Steel, 2007, S. 68). Self-Efficacy umfasst Laut Bandura (1994, S. 1) „people's beliefs about their capabilities to produce designated levels of performance that exercise influence over events that affect their lives". Das mangelnde Vertrauen darin, dass man eine Aufgabe adäquat umsetzen kann, führt also zu stärkerer Prokrastination bei der Bearbeitung dieser. Pychyl & Sirois (Vgl. 2016, S. 168) erklären außerdem, dass eine Funktion von Prokrastination die Regulierung von Emotionen sei: Negative Emotionen, die man mit der Aufgabe in Verbindung bringt, werden gemieden und stattdessen kurzfristige, hedonische Bedürfnisbefriedigung gesucht. Dies resultiert jedoch, in Übereinstimmung mit der bereits dargelegten Definition des Phänomens, langfristig in mehr Stress und mehr negativen Emotionen sowie potenziell mangelnden Ressourcen, um die Aufgabe abzuschließen (Vgl. Pychyl & Sirois, 2016, S. 169). Laut verschiedenen Studien ist Prokrastination ein weitverbreitetes Phänomen, besonders unter Studenten (Vgl. Steel, 2007, S. 65). Sie sei im akademischen Kontext so ausgeprägt, da Studenten mit vielen komplexen Aufgaben konfrontiert sind, die eigenständiges Arbeiten erfordern (Vgl. Meier et al., 2016, S. 67). Laut Klingsieck (Vgl. 2013, S. 24) prokrastinieren bis zu 70% aller Studenten. Dies ist ein Argument dafür, den Schwerpunkt dieser Arbeit auf akademische Prokrastination zu setzen.

Als einer der wichtigsten Prädiktoren für Prokrastination wird in den meisten Publikationen Selbstkontrolle genannt, weshalb dieser Zusammenhang im folgenden Abschnitt gesondert behandelt wird.

2.1. Selbstkontrolle und Prokrastination

Hofman et al. (Vgl. 2016, S. 212-213) definieren Selbstkontrolle als die Motivation und Fähigkeit einer Person, ein Verlangen, das im Konflikt mit persönlichen Zielen oder Werten steht, zu kontrollieren bzw. zu überschreiben. Als Verlangen wird hier die Motivation beschrieben, sich Stimuli oder Aktivitäten hinzugeben, von denen man sich sofortigen Genuss bzw. Vergnügen verspricht (Hofman et al., 2016, S. 213). Prokrastination sei einer der Bereiche, in dem sich die fehlende Selbstkontrolle niederschlage (Tice & Bratslawski, 2000, S. 152). Diese Behauptung wird auch empirisch belegt (Tice & Bratslawski, 2000, S. 153). Auch Pychyl & Sirois, (2016, S. 163) erklären, Prokrastination entstehe aus mangelnder Selbstkontrolle; es finde eine mangelhafte Regulation des eigenen Verhaltens statt, weshalb entgegen den langfristigen Zielen gehandelt wird. Meier et al. (Vgl 2018, S. 173) schließen sich dieser Definition an. Weiter empirisch untermauert wird der Zusammenhang zwischen Prokrastination und Selbstkontrolle z.B. durch Pekpazar et al. (Vgl. 2021, S. 6). In ihrer Studie wurde die Hypothese bestätigt, dass Prokrastination negativ mit Selbstkontrolle korreliert. Laut Tice & Bratslawski (Vgl. 2000, S. 149) können negative Emotionen und negative Einstellungen dazu führen, dass Menschen geringere Selbstkontrolle ausüben. Es bedarf Selbstkontrolle, um negative Emotionen zu regulieren, die

3

dann bei anderen Prozessen fehle (Vgl. Tice & Bratslawski, 2000, S. 151). Im späteren Verlauf dieser Arbeit wird dargelegt, warum dieser Zusammenhang während der Corona-Lockdowns von besonderer Bedeutung war.

Hofman et al. (Vgl. 2016, S. 213) nennen Mediennutzung als einen der häufigsten Kontexte für mangelnde Selbstkontrolle. Im nächsten Abschnitt wird daher der Zusammenhang von Mediennutzung mit Prokrastination und Selbstkontrolle erläutert.

2.2. Media-Procrastination

Wie Hofman et al. (Vgl. 2016, S. 211) erklären, wird Mediennutzung immer häufiger für die Ablenkung und Verschiebung von Aufgaben genutzt. Auch bei Reinecke und Hofman (2016, S. 444) heißt es: „A growing number of studies have provided initial evidence for a connection between media use and procrastination". Ein Beispiel für diese sogenannte Media-Procrastination ist, Facebook zu checken, anstatt eine Seminararbeit zu schreiben (Meier et al., 2018, S. 173). Pekpazar et al. (Vgl. 2021, S. 3) nennen die Nutzung sozialer Medien als einen der Hauptgründe für Prokrastination. Empirische Evidenz für diesen Zusammenhang gibt es bereits: so wurde in der Studie von Pekpazar et al. (Vgl. 2021, S. 5-6) festgestellt, dass Instagram-Sucht einen signifikant positiven Effekt auf Prokrastination hatte. Ähnlich kamen Hinsch & Sheldon (Vgl. 2013, S. 500-501) zu dem Ergebnis, dass Facebook-Nutzung signifikant mit Prokrastination verbunden ist. Ein Zusammenhang zwischen allgemeiner Mediennutzung und Prokrastination wurde z.B. durch Reinecke & Hofman (Vgl. 2016, S. 455) festgestellt. Beachtlich sind auch die Ergebnisse von Lavoie & Pychyl (Vgl. 2001, S. 437): die Befragten in ihrer Studie verbrachten fast die Hälfte ihrer Zeit im Internet mit Prokrastination.

Hofman et al. (Vgl. 2016, S. 213) erklären, dass der starke negative Zusammenhang zwischen Mediennutzung und Selbstkontrolle, aus dem Media-Procrastination resultiert, vor allem durch das Potenzial von Medien verursacht wird, die im vorigen Abschnitt erwähnten Verlangen zu befriedigen. Dieses Potenzial ergibt sich aus folgenden Gründen: Medien bieten Rezipienten sofortige Gratifikationen (Vgl. Hofman et al., 2016, S. 213). Vor allem soziale Gratifikationen werden hier als wichtiger Faktor genannt. Auch Meier et al. (Vgl. 2016, S. 66) erklären, dass Media-Procrastination sofortige, hedonische Bedürfnisbefriedigung biete. Außerdem würden die

4

Rezipienten zu habitualisierter Mediennutzung neigen, weshalb sie ihre Arbeit noch eher mithilfe von Medien aufschieben (Vgl. Hofman et al., 2016, S. 213). Hinzu kommt die hohe Verfügbarkeit von Medien, die diese zu einem leichteren Instrument für Prokrastination machen (Vgl. Hofman et al., 2016, S. 213). „Constantly available media use options are a challenge for users´ self control" heißt es auch von Meier et al. (2018, S. 174). Als letzter Punkt wird genannt, dass Medien durch Benachrichtigungen Aufmerksamkeit fordern können, wodurch sie noch eher dazu anregen, die Arbeit zu unterbrechen (Vgl. Hofman et al., 2016, S. 213). Die Rolle dieser Eigenschaften von Medien in der Distanzlehre wird im kommenden Abschnitt beschrieben.

Auf Grundlage der bisherigen Darlegungen wird nun erklärt, warum die Situation der Distanzlehre ein besonders hohes Risiko für Prokrastination, speziell durch die Nutzung von Medien, darstellt.

2.3. Prokrastination in der Distanzlehre

Laut Melgaard et al. (Vgl. 2022, S. 118) ist in der Distanzlehre der Bedarf nach Selbstregulation durch Studenten besonders hoch. Studenten würden deutlich geringerer externer Kontrolle unterliegen. Die Dozenten können Studenten nicht in gleicher Form involvieren, wie in der Präsenzlehre; es bieten sich somit mehr Gelegenheiten für alternative Aktivitäten (Vgl. Koay & Poon, 2022, S. 5), die für Prokrastination genutzt werden können. Daher schlussfolgern Koay & Poon (Vgl. 2022, S. 4), dass Studenten mit einem Mangel an Selbstkontrolle in der Distanzlehre Gefahr laufen, abgehängt zu werden.

Die im Abschnitt zu Media-Procrastination erwähnten Eigenschaften von Medien, die diese besonders tauglich für Prokrastination machen, kommen in der Distanzlehre besonders stark zum Tragen. Es wurde erklärt, dass soziale Gratifikationen einer der Beweggründe sind, um mithilfe von Medien zu prokrastinieren. Durch die Distanzlehre geht ein bedeutender Teil der sozialen Interaktion mit Kommilitonen und Lehrenden verloren. Dies ist ein erster Indikator für verstärkte Media-Procrastination in der Distanzlehre. Im kommenden Kapitel wird empirisch belegt, welche Rolle dieser Zusammenhang während den Corona-Lockdowns gespielt hat. Außerdem wurde die hohe Verfügbarkeit von Medien als Grund genannt, mithilfe von Medien zu prokrastinieren. Es lässt sich argumentieren, dass die Verfügbarkeit von Medien in der

Distanzlehre noch einmal steigt: einerseits bietet das eigene Zuhause eine größere Auswahl von (Unterhaltungs-)Medien als ein universitäres Setting. Außerdem trifft das Argument, dass Medienaktivitäten „typically ‚just a click away'" (Meier et al., 2018, S. 173) sind, auf die fast ausschließlich digitale Lernumgebung in der Distanzlehre besonders stark zu. Als finaler Punkt lässt sich anführen, dass die Forderung der Aufmerksamkeit durch Benachrichtigungen von Medien in einer nicht-universitären Umgebung eine noch stärkere Rolle spielt. Während in universitären Umgebungen z.b. sozialer Druck dafür sorgt, dass man die Benachrichtigungen von Geräten eher deaktiviert, stört ein Benachrichtigungston im eigenen Zuhause keine bzw. weniger Mitmenschen. Dementsprechend lässt sich vermuten, dass Benachrichtigungen durch Medien Studenten in der Distanzlehre noch stärker von ihren Aufgaben abgelenkt haben.

Aus der Zeit vor den pandemiebedingten Lockdowns gibt es bereits empirische Ergebnisse, die auf Verschlechterungen akademischer Leistungen durch Prokrastination in der Distanzlehre hindeuten. So kamen Michinow et al. (Vgl. 2011, S. 246) zu dem Ergebnis, dass starke Prokrastination beim Online-Unterricht in direkter Verbindung mit schlechteren Leistungen steht. Außerdem wurde negativer Einfluss von Prokrastination auf Partizipation festgestellt, die auch in negativer Verbindung mit Leistungen stand; Prokrastination war also sowohl ein direkter als auch indirekter Prädiktor für schlechtere Leistungen. Genauso kam Tuckman (Vgl. 2005, S. 1019) zu dem Ergebnis, dass Studenten mit stärkerer Neigung, zu prokrastineren, schlechtere Leistungen in Web-basierten Kursen erzielten.

Nachdem nun sowohl theoretisch als auch empirisch hergeleitet wurde, inwiefern sich verstärkte (Media-)Prokrastination in der "regulären" Distanzlehre auf akademische Leistungen auswirken kann, wird im folgenden Abschnitt argumentiert, dass die Corona-Lockdowns als Ausnahmesituation diese Effekte noch verstärkt haben könnten.

3. Corona-Lockdowns als Ausnahmesituation

In den bisherigen Abschnitten dieser Arbeit wurden bereits verschiedene Beziehungen zwischen Media-Procrastination bzw. allgemeiner Prokrastination und emotionalem Befinden dargelegt. Es wurde angeführt, dass negative Emotionen laut Tice & Bratslawski (Vgl. 2000, S. 149) einen negativen Effekt auf Selbstkontrolle haben können. Studien wie die von Forte et al. (2021) kommen zu dem Ergebnis, dass junge Menschen während einem Lockdown eher dazu neigten, negative Emotionen zu erleben. Außerdem wurde erwähnt, dass nach Steel (Vgl. 2007, S. 68) Depressionen einer der Prädiktoren für Prokrastination sind. Laut verschiedener Studien (z.B. Le & Nguyen, 2021, Killgore et al., 2020) waren Menschen während den Lockdowns stärker von Depressionen betroffen.

Als spezifischen Prädiktor für Media-Procrastination nennen Reinecke et al. (Vgl. 2014, S. 4) das Phänomen der Ego-Depletion, also die Erschöpfung der selbstregulatorischen Kapazitäten durch eine vorherige Beanspruchung dieser. Robert & Vandenberghe (Vgl. 2021, S. 14) konnten feststellen, dass Stress in Bezug auf die Pandemie mit einer stärkeren Ego-Depletion einherging.

Ein weiteres Argument für verstärkte Media-Procrastination während der Lockdowns ist die erhöhte allgemeine Mediennutzung. In einer deutschen Studie (Lemenager et al., 2020) berichteten z.B. über 70% der Befragten von einer erhöhten Mediennutzung während eines Lockdowns. Studien in anderen Ländern kamen zu ähnlichen Ergebnissen (z.B. Fernandes et al., 2020). Das Zusammenspiel zwischen Distanzlehre und Media-Procrastination aufgrund sozialer Gratifikationen wurde im vorigen Abschnitt bereits erwähnt. Bowden-Green et al. (Vgl. 2021, S. 7-8) kamen zu dem Ergebnis, dass soziale Medien während den Corona-Lockdowns verstärkt für die Befriedigung sozialer Gratifikationen genutzt wurden.

Die hier zusammengefassten psychischen Auswirkungen der Lockdowns bieten eine theoretische Argumentationsgrundlage für verstärkte Media-Procrastination während der Corona-Lockdowns. Im Folgenden Abschnitt werden nun empirische Ergebnisse aus den Lockdowns betrachtet, um zu klären, inwiefern sich Media-Procrastination negativ auf akademische Leistungen ausgewirkt hat.

4. Empirische Ergebnisse aus den Corona-Lockdowns

Bevor einzelne Studien genauer betrachtet werden, sollte erwähnt werden, dass es keinerlei Studien aus den Lockdowns gibt, in denen das zuvor erklärte theoretische Konstrukt der Media-Procrastination im direkten Zusammenspiel mit akademischen Leistungen betrachtet wurde. Daher werden zuerst solche Studien betrachtet, die Prokrastination im Allgemeinen, ohne Schwerpunktsetzung auf Medien, in Verbindung mit akademischen Leistungen betrachtet haben. Anhand der Ergebnisse aus dem Abschnitt bezüglich Media-Procrastination wird jedoch argumentiert, dass Medien höchstwahrscheinlich für einen Großteil dieser Prokrastination genutzt wurden. Im darauffolgenden Kapitel wird eine Studie betrachtet, in der das Zusammenspiel zwischen Cyber-Slacking, einem mit Media-Procrastination stark verwandten Phänomen, und akademischen Leistungen während der Corona-Lockdowns analysiert wurde. Die gemeinsamen Ergebnisse dieser Studien sollen für mehr Klarheit bezüglich der Frage führen, ob Media-Procrastination während der Corona-Lockdowns zu schlechteren akademischen Leistungen geführt hat.

4.1. Auswirkungen von Prokrastination auf akademische Leistungen

In der Studie von Melgaard et al. (Vgl. 2022, S. 117) sollte überprüft werden, inwiefern sich eine Tendenz zur Prokrastination während der corona-bedingten Distanzlehre negativ auf die (wahrgenommene) akademische Leistung von Studenten ausgewirkt hat. Das Studiendesign war hierbei primär qualitativ: Studenten wurden mithilfe der Tuckman Procrastination Scale (TPS), einer häufig zur Messung von Prokrastination verwendeten Skala (Vgl. Tuckman, 1991; z.B. auch verwendet durch Meier et al., 2016) in Gruppen unterteilt und danach interviewt (Vgl. Melgaard et al., 2022, S. 119). Der Fragebogen bestand hierbei aus 13 Items mit Bezug auf die TPS, wie z.B.: „I needlessly delay finishing jobs, even if they are important" (Melgaard et al., 2022, S. 119). Die resultierenden Gruppen waren gestaffelt, es gab „extreme procrastinators", „somewhat procrastinators", „somewhat non-procrastinators" und „non-procrastinators" (Melgaard et al. 2022, S. 119). Daraufhin wurden die Befragten interviewt; es wurden Fragen zu akademischen Leistungen, Prüfungsstress und u.ä. gestellt. Es folgte ein Vergleich zwischen den nach Prokrastination unterteilten Gruppen. Insgesamt wurden 13 Studenten interviewt und 11 Interviews ausgewertet (Vgl. Melgaard et al. 2022, S. 119).

Es wird erklärt, dass die Prokrastinatoren eher zu Prüfungsstress neigten, was sich negativ auf ihre akademischen Leistungen auswirken könnte (Vgl Melgaard et al. 2022, S. 121). Insgesamt wurde aber kein Zusammenhang zwischen Prokrastination und akademischen Leistungen festgestellt, da nur 2 Befragte von einer Verschlechterung ihrer Leistungen berichten (Vgl. Melgaard et al., 2022, S. 121). Jedoch berichteten die Prokrastinatoren, dass ihre Teilnahme am digitalen Unterricht stark durch

Ablenkungen behindert wurde (Vgl. Melgaard et al., 2022, S. 121). Außerdem wurde bei ihnen eine geringe Motivation zum Lernen und zur Teilnahme festgestellt (Vgl. Melgaard et al., 2022, S. 121)

In der nächsten Studie sollte getestet werden, inwiefern sich akademische Leistungen in der Distanzlehre verschlechtert haben und welche Rolle Prokrastination dabei gespielt hat (Vgl. De Paola et al., 2022, S. 5). Grundlage hierfür waren die Daten aller Studierenden der Universität Calabria in Italien (Vgl. de Paolo et al., 2022, S. 6); das Sample bestand insgesamt aus 23.283 Studenten (Vgl. De Paola et al., 2022, S. 7). Es wurde geprüft, wie sich die Leistungen der Studenten zwischen ihrer Einschreibung an der Universität und dem Sommersemester 2020, dem ersten Semester in Distanzlehre, veränderten (Vgl. de Paola, 2022, S. 6). Die akademische Leistung wurde hier an der Anzahl von erreichten Notenpunkten bei bestandenen Prüfungen der Studenten festgemacht (Vgl. de Paola et al. 2022, S. 7). Die Methode zur Messung von Prokrastination war hier eine andere als bei Melgaard et al. (2022): die Tendenz zu prokrastinieren wurde anhand des Zeitraums zwischen der Annahme der Bewerbung und dem Einreichen aller für die Einschreibung nötigen Unterlagen gemessen (De Paola et al., 2022, S. 7-8). Auf mögliche Limitationen dieser Art von Messung wird im späteren Verlauf dieser Arbeit noch eingegangen. Dann wurde eine Difference-in-Difference-Analyse zwischen dem Sommersemester 2020 und vorigen Semestern durchgeführt, um den Einfluss der Distanzehre als unabhängige Variable auf die akademische Leistung zu prüfen. (Vgl. de Paola et al., 2022, S. 11). Weitere Variablen wie die Differenz zwischen dem Wintersemester 2019/2020 und den vorigen Wintersemestern wurden berücksichtigt, um den Einfluss der Distanzlehre stärker zu isolieren (Vgl. de Paola et al., 2022, S. 11).

Es wurden im Distanz-Semester eine reduzierte Wahrscheinlichkeit, Klausuren zu bestehen und durchschnittlich schlechtere Noten festgestellt (Vgl. De Paola et al., 2022, S. 15-16). Die Effekte durch die Distanzlehre waren weiterhin signifikant, auch wenn Faktoren wie ein stärker von Corona betroffener Wohnort sowie schlechtere technische Voraussetzungen ausgeschlossen wurden (Vgl. De Paola et al., 2022, S. 17-19). Außerdem korrelierte Prokrastination negativ mit den Leistungen der Studenten; ein Effekt, der während des Distanz-Semesters noch verstärkt wurde (Vgl. de Paola et al., 2022, S. 23-24).

Um den Rahmen dieser Arbeit nicht zu sprengen, wird sich bei den folgenden Studien vor allem auf die Ergebnisse konzentriert, die Methode wird nur knapp zusammengefasst.

Durch Hong et al. (Vgl. 2021, S. 4) wurde eine Online-Befragung unter 531 chinesischen Studenten durchgeführt. Die Items behandelten selbstreguliertes Lernen, Prokrastination und wahrgenommene Lerneffizienz (Vgl. Hong et al., 2021, S. 4) und es wurde die Zustimmung der Befragten mithilfe von 5-Punkt-Likert-Skalen gemessen. Hier wurde ein indirekter Zusammenhang zwischen Prokrastination und der wahrgenommenen Lerneffizienz durch die Studenten festgestellt: Prokrastination hatte einen negativen Zusammenhang mit Selbstregulation, die wiederum einen positiven Zusammenhang mit Lerneffizienz aufwies (Anm.: in der Studie wurde der Zusammenhang zwischen Selbstregulation und wahrgenommener Lern**in**effizienz getestet; dieser war dementsprechend negativ) (Vgl. Hong et al., 2021, S. 6).

4.2. Auswirkungen von Cyberslacking auf akademische Leistungen

Die ursprüngliche Definition von Cyberslacking (auch Cyberloafing) bezieht sich auf das Arbeitsumfeld und umfasst die Nutzung von technischen Geräten und dem Internet, das durch den Arbeitgeber gestellt wird, um während der Arbeitszeit für private Zwecke auf soziale Medien u.ä. zuzugreifen (Vgl. Tandon et al., 2020, S. 2). In diversen Studien wurde das Konzept jedoch auf den akademischen Kontext übertragen (z.B. Yeik & Poon, 2022). Hier meint Cyberslacking die Nutzung von Technologien bzw. Medien für Aktivitäten ohne akademischen Bezug während des Online-Unterrichts (Vgl. Akbulut, 2016, S. 617). Während einige Studien Cyberslacking und Media-Procrastination konfundieren, erklären Reinecke & Hofman (Vgl. 2016, S. 444), dass beides unterschiedliche, jedoch miteinander korrelierte Konzepte seien (so auch Lavoie & Pychyl, 2001). Somit können Ergebnisse zum Einfluss von Cyberslacking auf akademische Leistungen nicht direkt auf Media-Procrastination übertragen werden, dienen jedoch als nützlicher Indikator für das Bestehen des letzteren.

In einer Studie von Marghareta et al. (Vgl. 2021, S. 1884) sollte der Zusammenhang zwischen selbstreguliertem Lernen und Cyberslacking sowie Cyberslacking und akademischen Leistungen überprüft werden. Hierzu wurde eine Online-Befragung unter 605 Studenten verschiedener indonesischer Universitäten durchgeführt (Vgl. Marghareta et al., 2021, S. 1884). Die Autoren setzen zwar keinen inhaltlichen

Schwerpunkt auf die Distanzlehre während der Corona-Lockdowns, es wird jedoch erwähnt, dass die Befragung während dieser Phase durchgeführt wurde (Vgl. Marghareta et al., 2021, S. 1889). Daher wird davon ausgegangen, dass die Ergebnisse zur Beantwortung der Forschungsfrage beitragen können. Die Ausprägung von Cyber-Slacking wurde gemessen, indem die Zustimmung der Befragten zu 30 Items aus der Cyberslacking-Scale nach Akbulut et al. (2016) abgefragt wurde (Vgl. Marghareta et al., 2021, S. 1884). Eine beispielhafte Aussage lautete „I check my friends‘ post" (Vgl. Marghareta et al, 2021, S. 1884). Akademische Leistungen wurden am GPA der Befragten festgemacht (Vgl. Marghareta et al., 2021, S. 1888).

Hier kamen die Autoren zu dem Ergebnis, dass Cyber-Slacking sich signifikant negativ auf akademische Leistungen auswirkte (Vgl. Marghareta et al., 2021, S. 1887). Interessanterweise wurde jedoch ein positiver Zusammenhang zwischen Selbstkontrolle und Cyber-Slacking festgestellt, was den meisten anderen Studien zum Thema widerspricht (Vgl. Marghareta et al., 2021, S. 1887).

5. Diskussion: Hat Media-Procrastination zu verschlechterten akademischen Leistungen während den Corona-Lockdowns geführt?

Die vorgestellten Studien zum Zusammenhang zwischen Prokrastination und akademischen Leistungen während der Corona-Lockdowns deuten alle auf einen negativen Zusammenhang zwischen Prokrastination und akademischen Leistungen hin. Während bei der primär qualitativen Studie mit kleinerem Sample von Melgaard et al. (2022) nur ein Zusammenhang zwischen Indikatoren für akademischen Erfolg und Prokrastination, jedoch kein direkter Zusammenhang festgestellt wurde, konnten die beiden anderen Studien einen direkten Zusammenhang feststellen. Besonders relevant sind hier die Ergebnisse von De Paola et al. (2022), da hier eine Veränderung der Leistung der Schüler im Vergleich zu Semestern ohne Distanzlehre überprüft wurde. Die Ergebnisse aus dem Abschnitt 4.1 sorgen für mehr Klarheit bezüglich der Forschungsfrage, da es, wie in der Theorieübersicht erklärt, einen starken Zusammenhang zwischen allgemeiner Prokrastination und Media-Procrastination gibt; Medien sind eins der am häufigsten genutzten Mittel, um zu prokrastinieren.

In der Studie von Marghareta et al. (2021), die sich mit Cyberslacking beschäftigt hat, wurde auch ein negativer Zusammenhang zwischen Cyberslacking und akademischen Leistungen festgestellt. Dieses Ergebnis trägt aufgrund des Zusammenhangs zwischen Cyberslacking und Media-Procrastination zur weiteren Klärung der Forschungsfrage bei.

Insgesamt gibt es also eine Vielzahl an Indikatoren, sowohl theoretischer als auch empirischer Natur, die auf einen negativen Einfluss von Media-Procrastination auf akademische Leistungen während der Corona-Lockdowns hindeuten

Bei der Betrachtung der in dieser Arbeit dargestellten Ergebnisse sind jedoch einige Limitationen zu beachten. Wie zuvor erwähnt gibt es keine Studien, die einen direkten Zusammenhang zwischen Media-Procrastination und akademischen Leistungen während der Lockdowns erforscht haben. Daher können die hier dargestellten Ergebnisse nur als Indikatoren für diesen Zusammenhang verwendet werden und sind von begrenzter Tragfähigkeit. Außerdem beruhen die Ergebnisse bezüglich Prokrastination & Cyberslacking der in Abschnitt 4 zusammengefassten Studien auf Befragungen. Die Aussagen der Teilnehmer müssen nicht zwingend ihr tatsächliches Verhalten widerspiegeln, da sie dieses möglicherweise nur unzureichend reflektieren können oder aufgrund von sozialem Druck fälschliche Aussagen tätigen. Ähnliches gilt für die Abfrage von akademischen Leistungen statt einer Messung dieser, wie sie bei den meisten hier vorgestellten Studien durchgeführt wurde.

6. Zusammenfassung und Ausblick

Das Ziel dieser Arbeit war es, anhand von bestehenden Theorien und empirischen Erkenntnissen festzustellen, ob Media-Procrastination während den Corona-Lockdowns zu schlechteren akademischen Leistungen geführt hat. Während hierzu anhand der betrachteten Studien keine eindeutige Aussage getroffen werden kann, leistet die Arbeit trotzdem zweierlei Beiträge zur Forschung: Einerseits wird aufgezeigt, dass ein klarer Bedarf nach Forschung bezüglich Media-Procrastination während der Corona-Lockdowns besteht. Es ist bemerkenswert, dass in einer Situation, die sich besonders gut anbietet, um Media-Procrastination und speziell deren Auswirkung auf akademische Leistungen zu überprüfen, keine Studien zu diesem Thema durchgeführt wurden. Andererseits vergleicht diese Arbeit die Auswirkungen von Prokrastination und Cyberslacking auf akademische Leistungen, was sich aufgrund der Ähnlichkeit der Phänomene anbietet, jedoch in der bisherigen Forschung vernachlässigt wurde. Um sinnvolle Strategien konzeptionieren zu können, mit denen man bei potenziellen zukünftigen Lockdowns oder ähnlichen Krisensituationen negative akademische Folgen verringert, wäre diese Forschung eine wichtige Grundlage.

Literaturverzeichnis

Akbulut, Yavuz; Dursun, Özcan Özgür; Dönmez, Onur; Şahin, Yusuf Levent (2016): In search of a measure to investigate cyberloafing in educational settings. In: *Computers in Human Behavior* 55 (2), S. 616–625. DOI: 10.1016/j.chb.2015.11.002.

Bandura, Albert (1994). Self-efficacy. In V. S. Ramachaudran (Ed.), Encyclopedia of human behavior (Vol. 4, pp. 71-81). New York: Academic Press.

Bowden-Green, Thomas; Hinds, Joanne; Joinson, Adam (2021): Personality and Motives for Social Media Use When Physically Distanced. A Uses and Gratifications Approach. In: *Frontiers in psychology* 12, S. 607948. DOI: 10.3389/fpsyg.2021.607948.

De Paola, Maria & Gioia, Francesca & Scoppa, Vincenzo. (2022). Online Teaching, Procrastination and Students' Achievement: Evidence from COVID-19 Induced Remote Learning. IZA Discussion Papers 15031, Institute of Labor Economics (IZA). https://docs.iza.org/dp15031.pdf

Fernandes, Blossom; Nanda Biswas, Urmi; Tan-Mansukhani, Roseann; Vallejo, Alma; Essau, Cecilia A. (2020): The impact of COVID-19 lockdown on internet use and escapism in adolescents. In: *rpcna* 7 (nº 3), S. 59–65. DOI: 10.21134/rpcna.2020.mon.2056.

Ferrari, J. R., & Emmons, R. A. (1995). Methods of procrastination and their relation to self-control and self-reinforcement: An exploratory study. *Journal of Social Behavior & Personality, 10*(1), 135–142.

Forte, Alberto; Orri, Massimiliano; Brandizzi, Martina; Iannaco, Cecilia; Venturini, Paola; Liberato, Daniela et al. (2021): "My Life during the Lockdown". Emotional Experiences of European Adolescents during the COVID-19 Crisis. In: *International journal of environmental research and public health* 18 (14). DOI: 10.3390/ijerph18147638.

Hinsch, Christian; Sheldon, Kennon M. (2013): The impact of frequent social Internet consumption. Increased procrastination and lower life satisfaction. In: *J. Consumer Behav.* 12 (6), S. 496–505. DOI: 10.1002/cb.1453.

Hofmann, W., Reinecke, L., & Meier, A. (2016). Of sweet temptations and bitter aftertaste: Self-control as a moderator of the effects of media use on well-being. In L. Reinecke & M. B. Oliver (Eds.), The Routledge handbook of media use and wellbeing: International perspectives on theory and research on positive media effects (pp. 211–222). Routledge.

Hong, Jon-Chao; Lee, Yi-Fang; Ye, Jian-Hong (2021): Procrastination predicts online self-regulated learning and online learning ineffectiveness during the coronavirus lockdown. In: *Personality and individual differences* 174, S. 110673. DOI: 10.1016/j.paid.2021.110673.

Killgore, William D. S.; Cloonan, Sara A.; Taylor, Emily C.; Lucas, Daniel A.; Dailey, Natalie S. (2020): Loneliness during the first half-year of COVID-19 Lockdowns. In: *Psychiatry research* 294, S. 113551. DOI: 10.1016/j.psychres.2020.113551.

Klingsieck, K. B. (2013). Procrastination: When good things don't come to those who wait. *European Psychologist, 18*(1), 24–34. https://doi.org/10.1027/1016-9040/a000138

Koay, Kian Yeik; Poon, Wai Ching (2022): Students' cyberslacking behaviour in e-learning environments. The role of the Big Five personality traits and situational factors. In: *JARHE* 8 (12), S. 61. DOI: 10.1108/JARHE-11-2021-0437.

Lavoie, Jennifer A. A.; Pychyl, Timothy A. (2001): Cyberslacking and the Procrastination Superhighway. In: *Social Science Computer Review* 19 (4), S. 431–444. DOI: 10.1177/089443930101900403.

Le, Kien; Nguyen, My (2021): The psychological consequences of COVID-19 lockdowns. In: *International Review of Applied Economics* 35 (2), S. 147–163. DOI: 10.1080/02692171.2020.1853077.

Lemenager, Tagrid; Neissner, Miriam; Koopmann, Anne; Reinhard, Iris; Georgiadou, Ekaterini; Müller, Astrid et al. (2020): COVID-19 Lockdown Restrictions and Online Media Consumption in Germany. In: *International journal of environmental research and public health* 18 (1), S. 1-13. DOI: 10.3390/ijerph18010014.

Margaretha, Meily; Sherlywati, Sherlywati; Monalisa, Yani; Mariana, Ana; Junita, Imelda; Martalena, Martalena et al. (2021): Cyberslacking Behavior and Its Relationship with Academic Performance. A Study of Students in Indonesia. In: *EUROPEAN J ED RES* 10 (4), S. 1881–1892. DOI: 10.12973/eu-jer.10.4.1881.

Meier, Adrian; Meltzer, Christine E.; Reinecke, Leonard (2018): Coping with Stress or Losing Control? Facebook-induced Strains Among Emerging Adults as a Consequence of Escapism versus Procrastination. In: Susanne E. Baumgartner, Matthias Hofer, Thomas Koch und Rinaldo Kühne (Hg.): Youth and Media: Nomos Verlagsgesellschaft mbH & Co. KG, S. 167–186.

Meier, Adrian; Reinecke, Leonard; Meltzer, Christine E. (2016): "Facebocrastination"? Predictors of using Facebook for procrastination and its effects on students' well-being. In: *Computers in Human Behavior* 64 (1), S. 65–76. DOI: 10.1016/j.chb.2016.06.011.

Melgaard, Jørgen; Monir, Rubina; Lasrado, Lester Allan; Fagerstrøm, Asle (2022): Academic Procrastination and Online Learning During the COVID-19 Pandemic. In: *Procedia computer science* 196, S. 117–124. DOI: 10.1016/j.procs.2021.11.080.

Michinov, Nicolas; Brunot, Sophie; Le Bohec, Olivier; Juhel, Jacques; Delaval, Marine (2011): Procrastination, participation, and performance in online learning environments. In: *Computers & Education* 56 (1), S. 243–252. DOI: 10.1016/j.compedu.2010.07.025.

Pekpazar, Aycan; Kaya Aydın, Gizem; Aydın, Umut; Beyhan, Hidayet; Arı, Emre (2021): Role of Instagram Addiction on Academic Performance among Turkish University Students. Mediating Effect of Procrastination. In: *Computers and Education Open* 2 (19), S. 1-10 DOI: 10.1016/j.caeo.2021.100049.

Pychyl, T. A., & Sirois, F. M. (2016). Procrastination, emotion regulation, and well-being. In F. M. Sirois & T. A. Pychyl (Eds.), *Procrastination, health, and well-being* S. 163–188. Elsevier Academic Press. https://doi.org/10.1016/B978-0-12-802862-9.00008-6

Reinecke, Leonard; Hartmann, Tilo; Eden, Allison (2014): The Guilty Couch Potato. The Role of Ego Depletion in Reducing Recovery Through Media Use. In: *J Commun* 64 (4), S. 569–589. DOI: 10.1111/jcom.12107.

Reinecke, Leonard; Hofmann, Wilhelm (2016): Slacking Off or Winding Down? An Experience Sampling Study on the Drivers and Consequences of Media Use for Recovery Versus Procrastination. In: *Hum Commun Res* 42 (3), S. 441–461. DOI: 10.1111/hcre.12082.

Robert, V.; Vandenberghe, C. (2021): L'anxiété liée à la COVID-19. Une analyse de ses effets en milieu de travail. In: *Psychologie du Travail et des Organisations* 27 (1), S. 3–16. DOI: 10.1016/j.pto.2021.01.005.

Steel, Piers (2007): The nature of procrastination. A meta-analytic and theoretical review of quintessential self-regulatory failure. In: *Psychological bulletin* 133 (1), S. 65–94. DOI: 10.1037/0033-2909.133.1.65.

Tandon, Anushree; Kaur, Puneet; Ruparel, Namita; Islam, Jamid Ul; Dhir, Amandeep (2021): Cyberloafing and cyberslacking in the workplace. Systematic literature review of past achievements and future promises. In: *INTR* 32 (1), S. 55–89. DOI: 10.1108/INTR-06-2020-0332.

Tice, Dianne M.; Bratslavsky, Ellen (2000): Giving in to Feel Good. The Place of Emotion Regulation in the Context of General Self-Control. In: *Psychological Inquiry* 11 (3), S. 149–159. DOI: 10.1207/S15327965PLI1103_03.

Tuckman, Bruce W. (2005): Relations of academic procrastination, rationalizations, and performance in a web course with deadlines. In: *Psychological reports* 96 (3 Pt 2), S. 1015–1021. DOI: 10.2466/pr0.96.3c.1015-1021.

Tuckman, Bruce W. (1991). The development and concurrent validity of the Procrastination Scale. *Educational and Psychological Measurement, 51*(2), 473–480. https://doi.org/10.1177/0013164491512022